El lado izquierdo

María y su abuelo tejen un vínculo profundo

y transformador, marcado por encuentros diarios llenos de enseñanzas y amor. Desde la mudanza de los abuelos a Madrid hasta los veranos compartidos en el pueblo, su relación se fortalece con el paso de los años, creando un lazo inquebrantable que los prepara para el inevitable y doloroso adiós.

Valores implícitos

En esta historia se destaca la profundidad de los lazos intergeneracionales, el respeto por la sabiduría de los mayores y el amor incondicional. Enseña a valorar el tiempo compartido y la influencia perdurable de las relaciones familiares en nuestras vidas.

María García Alonso

Ilustrado por
D'Amico Alessandra

El lado izquierdo

A mis padres, por defender el valor de la familia
y enseñarnos a amarla por encima de todo.

A mi hermano, por ser mi otra mitad.

A mis hijos, por dar sentido a todo esto.

A mi marido, por caminar siempre a mi lado.

A mi primo, por apoyarme y confiar en mí.

Y a él, mi guardián, por guiarme desde arriba.

Este regalo, abuelo, es para ti.

1. LA NOTICIA

Era viernes por la tarde. Pasaban de las seis cuando María y Antonio merendaban pan con chocolate en la cocina, mientras veían en la tele una película de vaqueros. Sonó el telefonillo y ambos supieron que era papá. Como cada fin de semana desde hacía ya varios años, volvía después de días de trabajo lejos de casa. Corrieron a abrirle y le esperaron frente a la puerta. Esther, su madre, hablaba por teléfono. Nada más abrirse la puerta del ascensor, corrieron a abrazarle y lo llenaron de besos con aroma a chocolate, colgándose de su cuello. Tomás llevó a sus cachorros hasta el salón y los sentó en el sofá rojo que presidía la estancia y que estaba reservado para las visitas.

—Mamá y yo tenemos que daros una noticia. Los abuelos han decidido venir a vivir a Madrid.

—¿Con nosotros? —preguntó María, entusiasmada.

—No —contestó su padre—. Han comprado una casita aquí al lado para que podáis ir siempre que queráis.

Era una gran noticia.

2. LA CARRERA

—¡Vamos, deprisa! ¿Habéis cogido todo? —les preguntó mamá mientras cerraba la puerta.

Era la primera vez que iban a disfrutar de un fin de semana en casa de los abuelos y estaban entusiasmados.

Tomaron el ascensor.

María, presumida, se miraba en el espejo mientras colocaba bien su flequillo rubio y apretaba las gomas rosas de sus dos coletas.

Antonio, por su parte, sonreía altanero, con esos aires chulescos que tenía de serie.

Salieron.

En la calle hacía frío y su madre les cubrió la cabeza con el gorro de lana que les había tejido la abuela Josefa por Navidad y que tanto picaba.

Pero no protestaron. Esta vez, no.

Cruzaron la avenida de la mano de su padre y, apenas habían andado lo que duran dos «veoveo», oyeron a alguien que les saludaba desde la terraza.

Era la abuela.

—¡Ay, mis rosas! Os abro —exclamó.

Los dos hermanos subieron las escaleras como si de una competición se tratara, para ver quién llegaba antes.

Primero, segundo, tercero...

—¡Abuelos! —gritaron casi a la vez al verlos apoyados en el quicio de la puerta.

Entraron.

3. AMOR DEL BUENO

El olor a rosquillas y chocolate caliente que salía de la cocina les despertó. Los hermanos corrieron a acurrucarse junto al abuelo, que todavía dormía, formando un perfecto puzle de tres piezas alrededor de la cama.

—Os voy a pegar el «viejín» —les advertía con socarronería.

María y Antonio nunca entendieron el significado de aquello que tanto les repetía el abuelo: solo sabían que era amor del bueno.

Desayunaron, se vistieron y fueron a misa de once.

Para comer, menú especial: berzas con patatas, pollo al ajillo y, de postre, melocotón en almíbar.

Después: novela, siesta y paseo.

Por la noche, el abuelo se animó y contó algunas de sus historias míticas. Esas que, por mucho que escucharan, siempre sonaban a nuevas.

Era un narrador de historias único y los pequeños se quedaban embelesados, escuchando las andanzas de Amadeo y Rosalía (aquel matrimonio humilde del pueblo) o de cómo el abuelo escapó de las fauces de un lobo con tan solo ocho años, una mañana que pastoreaba en el monte su rebaño.

Cuando el reloj dio las doce, se acostaron.

—Hasta mañana, luceros, que descanséis —susurró la abuela al oído mientras los bendecía y les besaba la frente.

Cerró la puerta del cuarto. Día redondo.

4. MARINA

«Próxima estación: Plaza de España», anunciaba el tren.

María había cumplido ya los trece, pero su madre la veía demasiado pequeña para ir sola al conservatorio, así que allí estaba él, SU ABUELO, ejerciendo de guardián, viajando con ella en el cercanías todas las semanas.

Lejos de molestarse, salvo porque hablaba demasiado alto en el vagón, disfrutaba cada trayecto con él, escuchando sus consejos y enseñanzas de la vida.

Resultaba increíble que, sin haber pisado casi la escuela, un hombre supiera tanto.

Recitaba de memoria las provincias de España por orden alfabético, entonaba poesías que había aprendido de niño hacía más de sesenta años y sabía si llovería o no ese día solo con mirar el cielo.

¡Cómo le admiraba!

—¡Ay, mi *Marina*! Si no fuera por lo mucho que te quiero... —le decía siempre.

Era hombre de pocos cumplidos, decía que no se llevaban, pero era indudable que entre ambos había algo muy especial: un amor tierno y cómplice que crecía día a día.

5. LO MEJOR QUE ENTRA EN BARRIGA

Eran más de las ocho, atardecía. María estaba enfrascada en su lectura cuando la abuela irrumpió en la habitación.

—Voy a preparar la cena: si queréis ir de paseo, tenéis que marcharos ya o se os hará tarde.

—¿Y el abuelo?

—Te espera junto a las puertas del carro.

Como cada verano, en cuanto daban las vacaciones, abuelos y nieta hacían las maletas y se iban en el coche de línea al pueblo. Antonio, su otro nieto y el cuarto en discordia, niño de «la capi», prefería quedarse en Madrid. Siempre estuvo muy enmadrado y se quejaba de que los días en aquel pueblo se le hacían largos y aburridos. ¿Aburridos? No sabía lo que decía. Para María, San Justo de la Vega era todo menos aburrido. Aquella casa... Todavía hoy, cuando entra en ella, le viene el olor a sopa de ajo recién hecha.

La abuela la repartía a primera hora de la mañana en los pucheros de barro que guardaba en la cocina vieja.

Sentados en la acera, abuelo y nieta disfrutaban de aquel manjar mientras saludaban y conversaban con los vecinos que pasaban por allí, camino de algún «mandao». Aquel desayuno de labradores cobraba tintes de chef de categoría.

—Petisa, esto es lo mejor que entra en barriga —repetía siempre el abuelo.

¡Qué especial lo hacía todo! Hasta un simple desayuno. María se puso la visera que colgaba del perchero del pasillo y, guiñándole un ojo a su guardián, salieron. Cogieron el camino que cruza Trascorrales y llega hasta el cementerio.

Como en cada paseo, el abuelo recordó a su hijo aspirante a piloto porque, a pesar de los años, la herida había sanado, pero jamás cicatrizó.

—Abuelo, tranquilo, algún día yo seré mamá y llamaré a mi primer hijo «Miguel», en su honor.

Él sonreía complacido y, con gesto incrédulo, le rascaba la cabeza, sin saber que años más tarde aquella promesa se haría realidad.

Las alas del guardián comenzaban a tejerse.

6. VERANOS

Cuando regresaba al pueblo en verano, el abuelo se desprendía del traje de urbanita que vestía en la capital y se calzaba sus galochas de hombre rural. Pasaba largas horas en las tierras y, de vuelta a casa, acostumbraba a saludar a sus hermanos. Guardián, siempre guardián.

La abuela lavaba a mano su ropa de labranza al día siguiente. Golpeaba enérgicamente las prendas contra la tabla de la pila del corral mientras las frotaba con la pastilla de jabón Lagarto. Después, ponía la ropa limpia en un balde y la tendía en las cuerdas del ventanal de la galería.

María solía contemplar la escena mientras comía un trozo de pan de hogaza y chorizo que su abuelo cortaba, casi furtivamente, de la cocina vieja.

Cuando caía el sol, el matrimonio cogía las bicicletas e iba de paseo hasta los chopos o hasta el cruce con Nistal. Él, con visera y alpargatas, y ella, con delantal largo, cogido a la cintura con un imperdible, y pañuelo anudado a la cabeza. Regresaban con el último rayo de sol.

María solía salir a su encuentro, después de haber estado repasando los chismes del día en las escaleras traseras de las escuelas con sus amigas.

Unos años más tarde, haría lo imposible por estar en casa antes que ellos, no fuera a ser que la vieran con alguno de esos amores de verano. A él nunca le gustó que anduviera con chicos. Todos le parecían poco para su *Marina*, o quizá era el miedo a perder su trono. ¡Qué iluso! Eso jamás.

7. LA GORRA

Después de ese día vinieron
muchos más. Aunque seguía
viviendo bajo las faldas de papá y
mamá, cumplir años le había dado
cierta independencia, así que,
siempre que tenía ocasión, María
disfrutaba pasando tiempo con él.

Cuando volvía de la universidad, salía al paseo que había cerca de casa y solía encontrarle de confesiones con sus paisanos que, como él, venidos del campo a la ciudad, ya estaban jubilados.

Siempre que la veía, presumía con quien estuviera de todo lo más que era su María: la más buena, a la que más le quería, la más guapa... La verdad es que, a galán y conquistador, no le ganaba nadie.

Nunca fue hombre de fiestas ni juegos: le faltaba paciencia. Como deferencia, avisaba cuando se le empezaba a «hinchar la gorra», para que todos supieran que la cosa se ponía fea. Jamás perdonó una siesta por una partida de cartas o un parchís. Eso le tocaba a ella.

Sin embargo, todos los halagos eran para él, actor principal por excelencia, su Paul Newman leonés. La abuela, relegada en todas las ocasiones a actriz de reparto, disfrutaba orgullosa de los reconocimientos de su marido.

¡Tan generosa siempre, siendo la más artista de la familia!

8. BIENVENIDO A LA FAMILIA

—Abuelo, abuela, os presento a David —acertó a decir
María, presa de los nervios.

—Hijo, bienvenido a la familia —exclamó sonriente la abuela.

Él, su guardián, con rostro serio y actitud distante, lo miró
de arriba abajo y le estrechó la mano.

Sabía que presentarle un novio a su abuelo no era tarea fácil. Era un hombre serio, gruñón en ocasiones, al que le importaba más bien poco resultar insolente.

Intercambiaron algunas palabras y enseguida se despidieron.

María abrazó primero a la abuela y después besó a su abuelo en la mejilla, cerquita del oído.

—¿Qué te ha parecido? —le susurró.

Él sonrió, dándole una palmada en la mejilla con esas manos rudas y protectoras a partes iguales.

María resopló aliviada.

¡Prueba superada!

9. CAMBIO DE PLANES

Una joven monja, ataviada con hábito negro hasta los pies y escapulario a juego, les abrió la puerta.

—¿Quién es, mamá? —preguntó Miguel, sorprendido por su aspecto y con cara de pocos amigos.

Era sor Lucía.

—Os estaba esperando —les dijo sonriente.

—¿Y este niño tan guapo? —preguntó mientras le acariciaba suavemente la mejilla.

Habían pasado algunos años, y la familia había crecido.

La joven pareja, que todavía no se había casado pese a la insistencia de muchos por el «qué dirán», sí había tenido un hijo. Aquella promesa que María había dejado escrita a los pies de su cama con tan solo ocho años se había cumplido.

El pequeño Miguel buscó enseguida la protección de su padre, escondiéndose tras él en un intento por disimular su vergüenza y huyendo de aquella mujer, a sus ojos tan extraña.

Caminaron unos pasos por el largo pasillo que comunicaba el recibidor de la residencia con la sala de visitas.

Era la primera vez que iban a ver a los abuelos después de haber decidido dejar Madrid para irse a su nuevo hogar en Astorga.

María se enfrentaba a ese momento con la alegría del reencuentro y la tristeza de sentir que su guardián, aguerrido e indomable hasta entonces, se había convertido en un hombre al que los años empezaban a pesarle más de la cuenta.

10. MOMENTOS VIVIDOS

Después de aquella primera vez, vendrían muchas más visitas y momentos familiares compartidos, siendo ya bisabuelo por partida doble.

Nochebuenas de villancicos, pelucas y bailes; paseos interminables por los chopos y el crucero; sabias charlas llenas de refranes, verdades de la vida y consejos del abuelo.

Ese abuelo con tabardo azul, visera y bufanda.

Abuelo de cabeza embotada y piel almibarada. Abuelo con bastón, derecho como una vela, andando a paso ligero, como si al día le faltaran horas y pasear fuera cosa de viejos. Abuelo de mañanas de cuentas.

gimnasia y misa, para mantener despierta la cabeza. «Todo un chaval», decía la gente. Y sopló las velas: ¡NOVENTA!

Solo quedaban diez para que el alcalde le dedicara una calle en su pueblo. Pero algo se torció.

11. LEY DE VIDA

Bastón de cuatro ruedas y días interminables en los que solo aliviaba cerrar los ojos, dejar al mundo correr y descansar. La pila se acababa y los intentos para que la máquina no parara de funcionar no estaban dando resultado. María lo sabía, pero se negaba a aceptarlo. Su guardián, su inmortal, la persona a la que había admirado toda su vida y a la que había querido por encima de todo, se estaba muriendo y ella no podía hacer nada por él.

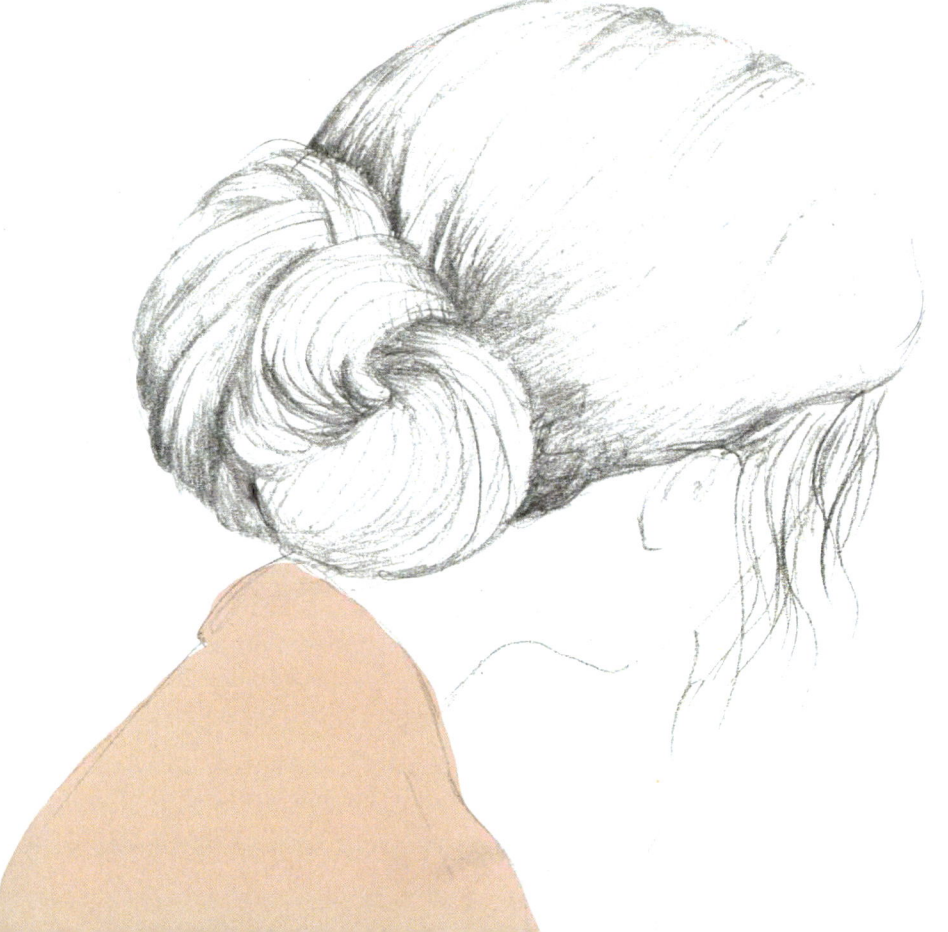

—María, son noventa y cinco años, tienes que entenderlo —le repetía una y otra vez su abuela.

Entenderlo lo entendía, cómo no iba a hacerlo. Con cuarenta y dos años y una familia creada, sabía que era lo que tocaba, eso que todos llaman «ley de vida». Pero cabeza y corazón hablaban lenguajes distintos.

12. EL VUELO

Y llegó el día. María estaba en el trabajo cuando sonó el teléfono. Descolgó. Era su padre, siempre sereno y cabal; ahora hablaba roto de dolor.

—María, se llevan al abuelo a León. Estamos esperando a la ambulancia —sollozó.

Esta vez, algo les decía que era la definitiva. Muchas habían sido las ocasiones en las que el guardián parecía que se iba, pero sus ganas de vivir hacían que hiciera caso omiso a los avisos y sacara fuerzas de flaqueza para conseguir no bajarse del tren de la vida que tanto amaba, aunque viajara ya como pasajero de tercera. Fruto, seguramente, de la negación más absoluta a que aquello fuera el final, María consiguió tranquilizar a su padre. Estaba aturdida, descolocada. No eran buenas noticias, pero quiso aferrarse a que fuera otro aviso más. Se equivocó. A las pocas horas, el diagnóstico era claro; ya nada funcionaba bien dentro de aquel hombre anciano y desvalido. María lloró de rabia, de impotencia. Nada podía hacer por él. El final estaba cerca. Fue al salón, abrió el cajón de las fotos y rebuscó entre cientos de recuerdos hasta que dio con lo que buscaba. En aquella foto estaban los dos, abuelo y nieta, sentados en el sofá, mirando al infinito llenos de amor, admiración, protección y esa magia única que perduraría por siempre entre ambos. Cogió el bolso, las llaves del coche y salió hacia el hospital. Aparcó su coche frente a un jardín de cipreses y cogió el ascensor hasta la cuarta planta. Abrió la puerta de la habitación y allí estaba su guardián, tumbado en aquella cama mirando ya sin ver. María se acercó a él sonriendo.

—¡Abuelo, mira lo que te he traído!

—Si es mi Petisa —dijo en un hilo de voz, cuando recogió la fotografía.

—Tu Petisa y tú, que más guapo no podías ser —le respondió María, agarrando su mano.

Apenas hubo más palabras. Tras los tiempos de silencio, comenzaron los delirios, las frases atropelladas queriendo repasar una vida entera y todo se acabó.

Cerraste los ojos.

Silencio.

Un último aliento.

Aprieto los dientes fuertemente mientras te miro. Coges aire súbitamente y emprendes tu viaje.

¡Cuánto te quise, te quiero y te querré!

Ojalá eso que dicen sea verdad y podamos estar juntos algún día.

De alguna manera, te tengo siempre conmigo; en el rinconcito donde se guardan las cosas importantes, entre el corazón y el alma, ahí...

En EL LADO IZQUIERDO.

EL LEGADO DEL AMOR

- A veces, cuando alguien que amamos ya no está, sentimos un gran vacío en nuestro corazón. ¿Recuerdas algún momento especial que compartiste con tu abuelo o tu abuela? ¿Cómo te hace sentir ese recuerdo ahora?

- Los abuelos nos enseñan muchas cosas importantes, como el valor de la familia y la alegría de las pequeñas cosas. ¿Qué es lo más importante que aprendiste de ellos? ¿Cómo puedes aplicar esa enseñanza en tu vida diaria?

- Los recuerdos felices con nuestros seres queridos nos acompañan siempre, incluso cuando ellos ya no están. ¿Cuál es tu recuerdo favorito de los días que pasaste con tu abuelo o tu abuela? ¿Por qué es tan especial para ti?

- Aunque nuestros seres queridos se vayan, siempre podemos sentir su amor en nuestros corazones. ¿Cómo crees que puedes mantener vivo su recuerdo? ¿Qué cosas te hacen sentir que él sigue contigo?

El amor y los recuerdos de nuestros seres queridos nos acompañan siempre. Aunque ya no estén con nosotros, su amor y enseñanzas viven en nuestros corazones y nos guían cada día.

El lado izquierdo

© del texto: María García Alonso
© de las ilustraciones: D'Amico Alessandra
© del diseño y corrección: Equipo BABIDI-BÚ

© de esta edición:
Editorial BABIDI-BÚ, 2025
Avda. San Francisco Javier, 9, 6ª, 23
Edificio Sevilla 2
41018 - SEVILLA
Tlfn: 912.665.684
info@babidibulibros.com
www.babidibulibros.com

Impreso en España
Primera edición: enero, 2025

ISBN: 979-13-87558-59-8
Depósito Legal: SE 2684-2024